Inhalt

Das E-Book auf dem Vormarsch - mit welchen Strategien Buchhändler dagegen halten

Kernthesen

Beitrag

Fallbeispiele

Weiterführende Literatur

Impressum

GENIOS WirtschaftsWissen Nr. 08/2008 vom 07.08.2008

Das E-Book auf dem Vormarsch - mit welchen Strategien Buchhändler dagegen halten

M.Dengl

Kernthesen

- Elektronische Bücher, so genannte E-Books, gab es schon früher, nur waren diese technisch nicht ausgereift und deswegen für Verlage, Buchhändler und auch den Leser uninteressant.
- Amazon ist es jetzt mit dem E-Book "Kindle" gelungen, die technischen Mängel zu beheben und ein E-Book auf den amerikanischen Markt zu platzieren, das sowohl Leser als auch die Fachwelt

begeistert.
- Buchhändler und Verlage fürchten allerdings die neue Konkurrenz und setzen auf neue Absatzstrategien, um neben dem E-Book weiterhin bestehen zu können.

Beitrag

Das E-Book "Kindle" feiert in den USA einen durchschlagenden Erfolg. Die Absatzzahlen übersteigen alle Erwartungen und werden besonders von Buchhändlern kritisch beobachtet. Diese müssen sich darauf einstellen, dass ein neues Zeitalter beginnt. Neue Absatzstrategien sind nötig, um sich weiterhin Marktanteile zu sichern.

Das E-Book - Revolution der Lesegewohnheiten

Das E-Book kommt. Diesmal wirklich. Schon in den 90-iger Jahren gab es mehrere elektronische Bücher, die allerdings technisch noch nicht ausgereift waren und sich auf dem Markt nicht durchsetzen konnten. Jetzt ist es dem US-Konzern Amazon mit dem E-Book "Kindle" gelungen, ein elektronische Buch auf dem

Markt zu bringen, was sowohl die Leser, wie die Fachwelt überzeugt. Es ist nur 300 Gramm schwer und 15 Zentimeter hoch. Außerdem hat es folgende technische Raffinessen: es besitzt einen guten Kontrast, benötigt wenig Strom und hat keine Hintergrundbeleuchtung und Spiegelungen im Sonnenlicht. In den USA ist der Kindle für 395 US-Dollar bereits erhältlich und sorgt für überraschend hohe Verkaufszahlen. Der Kunde kann mit dem E-Book aus einem Stamm von 125 000 Büchern wählen und sich bis zu 200 Bücher, über eine kostenlose Mobilfunkverbindung, auf sein elektronisches Buch herunterladen. Hat das herkömmliche gedruckte Buch nun ausgedient? (1)

Das elektronische Buch und die positiven Folgen für die Verlagsbranche

Es wird immer wahrscheinlicher, dass das Papier in naher Zukunft durch elektronische Lesegeräte ersetzt werden wird. Das Verlagswesen muss nun entsprechend darauf reagieren. Das elektronische Buch bietet dem Leser die Möglichkeit rund 200 Bücher mit sich herum zutragen, um jederzeit darin lesen zu können und dies zu erschwinglichen Preisen. US- Buchverlage sind gezwungen sich auf das neue E-Book einzustellen und bieten nun ihrerseits neben dem Papierbüchern, immer mehr Buchtitel zusätzlich in elektronischer Form an. Der kanadische Fachverlag Harlequin Enterprises bietet z.B. sein gesamtes Buchprogramm seit 2007 auch auf elektronischer Weise an. Den Verkaufszahlen schadet dies nicht. Manche Verlage sehen im E-Book von Amazon sogar die Rettung vor der drohenden Insolvenz, da der typische Kindle-Besitzer "2,6 mal so viele Bücher kauft wie sonst". Dies behauptet zumindest der US-Konzern Amazon. Selbst die Buchhändler profitieren angeblich davon. Diese haben aber inzwischen neue Strategien entwickelt, um neben dem E-Book und dem Onlinehandel weiterhin bestehen zu können. (2)

Die Überlebensstrategien der Buchhändler

Die Onlinekonkurrenz wird immer größer und die Buchhändler versuchen jetzt mit neuen Absatzstrategien dagegen zu halten. Sie setzen auf kleine, überschaubare Buchläden, wo der Kunde noch König ist, eine ausführliche Beratung erhält und bei einer Tasse Kaffee oder Wein in einem neuen Buch stöbern kann. Ein Beispiel hierfür ist die Zentnerschwer Buchhandlung in München. 1698 gegründet, ist sie eine der ältesten Buchläden Deutschlands. Thomas Felber, Inhaber der Lentnerschen Buchhandlung hat mehrere Filialen in München gründet, die mehr als nur einfache Buchläden sind, sondern eine Mischung aus Buchladen, Café, Vinothek und Kleinkunstbühne. Gegen so viel Gemütlichkeit kommt ein Internetkauf oder ein E-Book nicht an. Letztendlich wird es wohl darauf hinauslaufen, eine Papierversion eines Buches zum schmökern zu besitzen und zusätzlich eine digitale Version für unterwegs. (3)

Digitalisierung der Buchbranche

Libreka ist eine Online-Plattform, die vom Börsenverein des Deutschen Buchhandels aufgebaut wird. Deren Ziel ist es, alle derzeit erhältlichen deutschsprachigen Bücher ins Netz zu stellen. Dort können sie dann vom Kunden gekauft und in digitaler Form heruntergeladen werden.
Aber nicht nur Privatkunden sondern auch Buchhändler sollen von dieser Plattform Libreka profitieren. Im Vergleich zum normalen User erhalten sie einen privilegierten Onlinezugang. Weiterhin zieht

Libreka in Erwägung, E-Books zu verkaufen. Zudem möchten sie den Lesern eine "Online-Anleihe" verkaufen. Mit dem Kauf dieser Anleihe, würde der Kunde das Recht erwerben, über einen bestimmten Zeitraum Bücher im Netz zu lesen. Zur Zeit können über 16 000 Titel online eingesehen werden, auch aus den Fachbereichen Naturwissenschaften, Informatik und Technik. Insgesamt 770 Verlage sind bei Libreka vertreten. (5)

Fallbeispiele

Brockhaus geht neue Wege

Der Brockhaus-Verlag hat mit seiner Meldung, die gedruckte Enzyklopädie nach der 21. Auflage voraussichtlich nicht mehr fortsetzen zu wollen, in der Verlagsbranche für Furore gesorgt. Stattdessen sollte schon ab April 2008 ein kostenloses Online-Lexikon-Portal starten. Der Start wurde allerdings bis auf weiteres verschoben. Der Brockhaus-Verlag möchte mit dem Portal erweiterte und aktuellere Inhalte anbieten, als das mit der Druckversion möglich war. Noch ist nicht klar, ob es dem Verlag gelingt, mit Suchmaschinen wie Google oder Wissensportalen wie Wikipedia zu konkurrieren. Grund für den Aufbau des Lexikon-Portals sind die millionenschweren Verluste des Brockhaus-Verlags im Bereich der klassischen Nachschlagewerke. (5)

US-Magazin setzt auf elektronisches Papier

Der Esquire ist das erste Magazin, das mit einer Titelseite aus elektronischem Papier erscheinen wird. Anlass ist das 75-jährige Jubiläum des Magazins. Die Septemberausgabe wird eine Titelseite aus E-Paper haben, mit einem biegsamen Display, auf dem die blinkenden Worte "the 21st Century Begins Now" (Das 21. Jahrhundert beginnt jetzt) zu lesen sein werden. Für diese Sonderausgabe wurde eine sechsstellige Summe in die Entwicklung investiert. Der Herausgeber David Granger möchte mit dieser Aktion die Integration von E-paper in seinem Magazin forcieren und auch die Technik von Printprodukten weiter entwickeln. (4)

Weiterführende Literatur

(1) Umblättern per Knopfdruck // Amazon scheint mit einem neuen E-Book den Nerv der Leser zu treffen

aus Der Tagesspiegel Nr. 19957 VOM 08.07.2008 SEITE 027

(2) Bibliothek in der Handtasche
aus Der Spiegel, 30.06.2008, Nr. 27, Seite 114

(3) Kauf-Verführung
aus DIE ZEIT Nr.20

(4) US-Magazin mit elektronischer Titelseite
aus HANDELSBLATT online 24.07.2008 06:00:00

(5) Mephistopheles erscheint auf dem Bildschirm
aus VDI NR. 15 VOM 11.04.2008 SEITE 8

(6) Wie weit sind eigentlich E-Books?
aus Deutscher Drucker Nr. 39 vom 29.11.2007 Seite 3

(7) Telekom testet elektronische Zeitung
aus Der Spiegel, 04.08.2008, Nr. 32, Seite 74

Impressum

Das E-Book auf dem Vormarsch - mit welchen Strategien Buchhändler dagegen halten

Bibliografische Information der deutschen Nationalbibliothek

Die Deutsche Nationalbibliothek verzeichnet diese Publikation in der deutschen Nationalbibliografie; detaillierte bibliografische Daten sind im Internet über http://dnb.d-nb.de abrufbar.

ISBN: 978-3-7379-1242-6

© 2015 GBI-Genios Deutsche Wirtschaftsdatenbank GmbH, Freischützstraße 96, 81927 München, www.genios.de

Alle Rechte vorbehalten. Dieses Werk ist einschließlich aller seiner Teile – z.B. Texte, Tabellen und Grafiken - urheberrechtlich geschützt. Jede Verwertung außerhalb der Grenzen des Urheberrechtsgesetzes bedarf der vorherigen Zustimmung des Verlags. Dies gilt insbesondere auch für auszugsweise Nachdrucke, fotomechanische Vervielfältigungen (Fotokopie/Mikroskopie), Übersetzungen, Auswertungen durch Datenbanken oder ähnliche Einrichtungen und die Einspeicherung und Verarbeitung in elektronischen Systemen.